スーパー主婦・足立さんの

かんたんがおいしい！

お助けレシピ

足立洋子

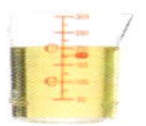

新潮社

目次

この本のルール

- 計量の単位は、1カップ =200cc、
  大さじ 1=15cc、小さじ 1=5cc です。
- 米料理の 1合 =180cc です。
- 「だしじょう油」がない場合は、
  〈しょう油＋酒＋顆粒だしの素〉で代用できます。

はじめに

子どもの頃、ピアノのお稽古が嫌いだった私に、母は「1週間、毎日お稽古が出来たら土曜日には好きなお料理を作ってもいいわよ」と言いました。そして、父はいつも「洋子の作ったものはおいしいね」と。両親は意識して私をお料理好きに育てようとしたのではないのでしょうけれど、結果的に私は、お料理が大好きになりました。

いろいろな方にお料理を教えるようになって30年近くになりますが、皆さん、思いのほかお料理に苦手意識を持っていることがわかりました。多くの方が、「特に献立を立てることがむずかしい」と話されますが、「ご飯とおみそ汁とお漬け物でも献立ですよ……」と伝えています。それにお肉かお魚、そしてお野菜の1品がつくと、もう立派なお食事です。また、苦手と言う方に限って、あれやこれやし過ぎた結果、おいしくなくなってしまうようです。

家庭のお食事ですから、調味料も素材も、できるだけいつもお家にあるもの、すぐに手に入るものがいいですね。

「かんたん　が　おいしい」

調味料も素材もなるべくいじらない、シンプルなものにこそおいしさがあることをお伝えしたいのです。私は作るのも好きですが、食べている人の顔を見るのはもっと好きです。

皆さんに楽しく作って、おいしくいただいてほしい……そんな願いをこめて、私のレシピの中からこの本を作りました。

足《あ》立《だち》洋《ひろ》子《こ》

1

まずは、ここから
味の型紙

毎日続く食事作り。
マンネリにならないよう複雑な味つけに挑戦したり、
市販のたれやドレッシングで
変化をつけている方も多いのでは？
でも、本当においしく作る基礎はシンプルな味つけ。
そこでお伝えしたいのが「味の型紙」です。
これは、食材の味を活かして
おいしい味を生み出す基本の比率。
この型紙をもとに、ご家庭のお好みの味へ、
アレンジを加えてみてください。

味の型紙

てりたれ	しょう油 1 ： 2 みりん
甘　酢	酢 1カップ ： 砂糖 大さじ5 ： 塩 大さじ1
麺つゆ	しょう油 1 ： みりん 1 ： だし 4
甘　煮	かぼちゃ、さつまいもなど 100g ： 砂糖 大さじ1 ： 塩 1つまみ

てりたれ

しょう油　：　みりん

1　：　2

の割合で煮つめる。

使い方　丼もの、焼き鳥、煮物など

a

b

c

常備しておくととても便利な、
オールマイティたれ。
用途が多くすぐになくなるので、
ペットボトルや瓶に入れ
常温保存でもよいですが、
冷蔵庫に入れておくと
半年以上おいしく食べられます。

てりたれの作り方

◉材料（作りやすい分量）

しょう油…１カップ
みりん…２カップ

◉作り方

しょう油とみりんを鍋に入れ、強火にかけて沸騰したら弱火にし、アクを取りながら半分の量になるまで煮つめる。アクはこまめに取りましょう（a）。
火にかける前に割り箸を入れてたれの色をつけておくと（b）、半量が分かりやすいです（c）。

＊中身が飛び散ることがあるので、小さい鍋で作るのはおすすめしません。

＊みりんはアルコール分を含むので、火が回り込んで引火することがあります。そのときは火をとめてください。

麺つゆ

しょう油		みりん		だし
1	:	1	:	4

の割合で合わせ、ひと煮立ちさせる。

＊水分を含むので３～４日で使い切るようにしてください。

使い方 麺つゆ、てんつゆ、煮物、山菜を煮るなど

甘酢

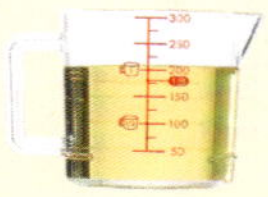

酢		砂糖		塩
1カップ(200ml)	:	大さじ5	:	大さじ1

を混ぜて溶かす。

＊これが作りやすい分量。時間がたっても酢が抜けることはないので多めに作って保存しておけます。

＊砂糖、塩が溶けるまでに時間がかかりますが、火にかけなくても大丈夫です。

使い方 すし酢、サラダ、漬け物など

甘煮

かぼちゃ、さつまいもなど		砂糖		塩
100g	:	大さじ1	:	1つまみ

の割合で煮る。

＊バターを加えると子ども向きの味になり、レモンなど酸味を加えると色が鮮やかになります。

使い方 甘煮、バター煮、茶巾など

てりたれ

焼き鳥風てり焼き

てりたれを使い、フライパンで焼き鳥を作りましょう。熱々のご飯に載せるとボリュームのある丼にもなります。

◉作り方

1 肉を食べやすい大きさに切って酒をふりかけ15分ほど置いておく。長ねぎは4cmの長さに、ピーマンは大きめに切る。
2 フライパンを強火で熱し、肉を皮目を下にして入れる。焼き目がついたらひっくり返し、長ねぎとピーマンも入れる。
3 火が通ったら、てりたれを絡めてできあがり。食べるときにお好みで山椒をどうぞ。

◉材料（4人分）

鶏もも肉…350～400g（大1枚）
長ねぎ…1本
ピーマン…1～2個
酒…大さじ1
てりたれ…大さじ3
山椒…お好みで

てりたれ

豚丼

これぞ「かんたん」が「おいしい！」の代表格。
自分で作っても、何度食べても、そのたびに感動してしまいます。

◉材料（1人分）

ご飯…200g
豚バラ肉（しゃぶしゃぶ用）…60g
てりたれ…大さじ2
ガーリックパウダー…適量
ブラックペッパー（粗挽き）…適量

◉作り方

1. 油をひかずに肉を炒める。
2. 肉に火が通ったら、ガーリックパウダーとブラックペッパーをふってご飯に載せる。
3. てりたれを上から回しかける。

甘酢

サラダなます

お正月でなくてもわが家の冷蔵庫には大根なますがあります。
それをアレンジしたサラダなますも、後をひくおいしさ。

サラダなます

◉材料（4人分）

大根なます…250g
きゅうり…1本
ハム…2枚
＊かにかまぼこや、ちくわでもよい
いなり寿司の皮…1枚
ゆずの皮…適量
いりごま…お好みで

◉作り方

1 大根なますに、4cmの長さの細切りにしたきゅうり、ハム、いなり寿司の皮を入れる。ゆずの皮も細く切って入れる。
2 全体を混ぜ、お好みでごまを散らす。

大根なます

◉材料（4〜5人分）

大根…500g
にんじん…25g
塩…2つまみ
甘酢…大さじ2〜3
うま味調味料…お好みで少々

◉作り方

1 大根、にんじんは4cmの長さの細切りにして塩を混ぜ合わせ、10分ほど置く。
2 水気が出たら軽く絞り、甘酢、お好みでうま味調味料をかける。

甘酢

みょうが寿司

ぷくぷくに膨らんだみょうががお店に並び始めると、必ず作る1品。おもてなしにもピッタリです。

◉材料（４人分）

ご飯…３合
甘酢…大さじ３
みょうが…３～４本（１パック）
ちりめんじゃこ…40g
白ごま（切りごま）…大さじ１
しそや三つ葉…お好みで

◉作り方

1 ご飯を炊き、甘酢を回しかけ、酢めしを作る。
2 小口切りにしたみょうが、ちりめんじゃこ、白ごまを酢めしに混ぜる。しそや三つ葉をお好みで散らす。

麺つゆ

蕎麦サラダ

夏のわが家の定番メニュー。主食でも、また色がきれいなのでサラダにもぴったりです。

茹で鶏のかわりに、ハムやかにかまぼこにすれば、さらにかんたんに。

◉作り方

1 茹で鶏を作る。鍋に鶏肉、浸るほどの水、酒、塩を入れて茹でる。火が通ったら冷まして適当な大きさにほぐす。

2 錦糸卵を作る。ボウルに卵、調味料を入れてよく混ぜる。フライパンにサラダ油をひき、溶き卵を流し入れて薄く焼く（フライパンの大きさにより何回かにわけて）。うま味調味料を入れるときれいな色に仕上がります。冷めたら細切りにする。

3 野菜を切る（今回はきゅうりは縦半分に切ってから斜め薄切り、大根・みょうが・しそは細切り、かいわれ・水菜は4cmの長さ、ラディッシュは薄くスライス）。切った野菜は下のコラムの技を使って混ぜ、ざるにあける。

4 蕎麦を半分に折って茹でる。茹であがったらざるにあけて水で洗い、水を切ってからボウルに入れて野菜と混ぜ合わせる。

5 皿に盛り、茹で鶏、錦糸卵を載せて麺つゆをかける。

◉材料（主食用4人分。サラダの場合は$\frac{1}{3}$〜$\frac{1}{2}$量で）

蕎麦…400gほど
野菜…計400gほど
＊何でもよいですが夏野菜がよく合います。

茹で鶏
- 鶏むね肉…200g
- 酒…大さじ1
- 塩…1つまみ

錦糸卵
- 卵…2個
- 調味料
  - 砂糖…小さじ2
  - 塩…1つまみ
  - うま味調味料…少々
- サラダ油…適量

麺つゆ…2カップ

column

ひと手間でグンと変わる料理の秘訣 ①

混ぜるときは水中で！

サラダのほか、つけ合わせにもよく使う「野菜の千切り」を作るときのポイントです。こうすると野菜が均等にきれいに混ざって、とてもおいしそうに見えるでしょう。

- きゃべつ、にんじん、大根などの野菜を同じ細さの千切りにし、全部一緒に、水をはったボウルに入れます。
- 水の中で混ぜながら、野菜を洗います（写真）。
- ざるにあけ、水気を切って盛りつけましょう。

料理はかんたんなのがいちばん！でも、「かんたん＝雑」ではないのです。丁寧にするポイントを知ることが、おいしいものを作る近道につながります。そのポイントを、コラムでお伝えしたいと思います。

かぼちゃの甘煮

かぼちゃの王道レシピです。
砂糖と塩だけの味つけが、かぼちゃのおいしさを際立たせます。

◉材料（４人分）

かぼちゃ…200ｇ
砂糖…大さじ２
塩…２つまみ

◉作り方

1　かぼちゃは３～４cm四方に切る。煮崩れを防ぐために「面取り」（角を浅く削り取る）をします(a)。また、皮の２ヶ所ほどをむいておくと味がよく染みこみます(b)。
2　鍋にかぼちゃ、浸るくらいの水、砂糖、塩を入れ、強火にかける。
3　ぐつぐつしてきたら中火にし、水気がなくなるまで煮る。水の吸い込みがよいかぼちゃは、水を足すなどしてください。

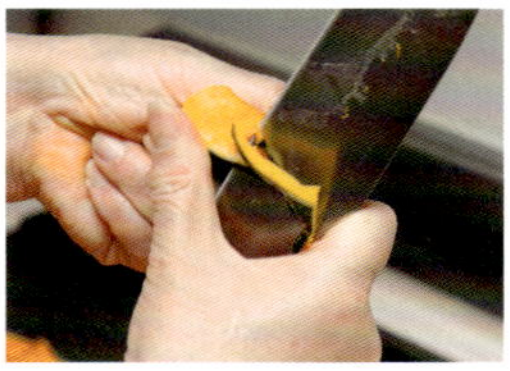

a

b

甘煮

茶巾しぼり

かぼちゃをデザートとして味わいたいときや
おもてなしにぴったりです。
基本は同じ味つけなので
残った甘煮を利用しても作れます。
茶巾にせずそのままスプーンで食べても美味ですよ。

◉材料（４人分）

かぼちゃ…200g
砂糖…大さじ２
塩…２つまみ
バター…10g
牛乳…50cc

◉作り方

1 かぼちゃは皮をむき適当な大きさに切り、鍋にかぼちゃが浸るくらいの水、砂糖、塩、バターを入れて煮る。
2 かぼちゃがやわらかくなったら、鍋の中でなめらかになるようにつぶす。
3 弱火にかけ、何回かにわけて牛乳を入れながらのばしていく。
4 冷めたら50gほどずつ、手の平にラップを広げてその上に載せ(a)、茶巾しぼりにする(b)。

a

b

甘煮

さつまいものバター煮

後を引くおいしさで、ついたくさん食べてしまいます。
レモンのほか、りんごやパイナップルなど
酸味のあるものを入れると色が鮮やかになります。

◉材料（4人分）

さつまいも…200g
砂糖…大さじ2
バター…20g
塩…2つまみ
レモン（りんご、パイナップルなど）…少々、お好みで

◉作り方

1　さつまいもは厚さ1cmのいちょう切りにする。
2　鍋にさつまいも、砂糖、バター、塩、輪切りにしたレモンを入れ、いもが浸るほどの水を入れて強火にかける。水がなくなるぐらいで火をとめる。

2

あると、すごく便利
ベース菜

わが家の冷蔵・冷凍庫にいつも入っているものを
ご紹介しましょう。
いろいろなおかずの基（ベース）となるので、
ＮＨＫ「あさイチ」では「ベース菜」と
命名されました。
そう、これをベースにして
いろいろな料理が展開できるのです。
時間がないとき、あと1品欲しいなと思ったとき、
とても重宝します。
多めに作って保存しておくとよいでしょう。

万能
玉ねぎのドレッシング漬け

40年近くも前のこと。サラダに入れる玉ねぎの辛味を抜くためにお塩を入れてもんだらクタクタに。そこで水をはった容器にスライス玉ねぎを入れて冷蔵庫で冷やしたところ、辛味はとれてシャキッとしたまま。大発見でした。

その延長で、水のかわりにドレッシングに漬けてみたら……大大発見になりました。

以来これを使ったレシピが次々と生まれ、いまやわが家には欠かせないベース菜です。

玉ねぎのドレッシング漬けの作り方

◉材料（2カップ分）

玉ねぎ…1個
ドレッシング
- 酢…$\frac{1}{4}$カップ
- サラダ油…$\frac{1}{2}$カップ
- 塩…大さじ$\frac{1}{2}$
- こしょう…少々

（酢1：油2の割合）

◉作り方

1. 玉ねぎをスライスし（スライサーを使ってもよい）、さっと水につけ、水を切る。
2. ドレッシングの材料をボウルに入れて混ぜ、玉ねぎを入れる。
3. 保存容器に入れて冷蔵庫で1ヶ月以上もちます。最後、液だけ残ったらドレッシングに。

＊玉ねぎのにおいがつくのでプラスチック製でなくガラス製や瓶の専用保存容器を作るとよいです。

arrange 1

トマトサラダ

暑い夏、食欲も料理する意欲もないときに
ピッタリの１品。

◉材料（４人分）

トマト…２個
玉ねぎのドレッシング漬け
…大さじ４（１人大さじ１が目安）
パセリ…お好みで

◉作り方

1　トマトは縦半分に切ってから１cm 幅に切る。
2　玉ねぎのドレッシング漬けと、お好みでパセリを載せる。

arrange 2

ちくわの和えもの

短冊切り、斜め切りなど好きなように
ちくわを切ってベース菜を載せるだけ。
あっという間にできる居酒屋メニューです。
今回は紫玉ねぎのドレッシング漬けを使いました。

◉材料（４人分）

生食用ちくわ…２本
玉ねぎのドレッシング漬け…大さじ４
かつお節…３g（１小袋）
かいわれ（細ねぎや三つ葉でも可）…適量

◉作り方

1　ちくわを食べやすい大きさに切る。
2　ちくわを器に盛り玉ねぎのドレッシング漬け、かつお節、かいわれを載せる。

＊しょう油をかけると、また別の味になります。

arrange 3

生ハムのマリネ

サラダにもおつまみにもなります。
ご飯と食べるときは、おしょう油をかけて
召し上がれ。

◉材料（４人分）

生ハム（切り落としで可）…100g ぐらい
玉ねぎのドレッシング漬け…大さじ４
ケッパー…お好みで

◉作り方

1 生ハムと玉ねぎのドレッシング漬けをボウルに入れ、混ぜる。
2 お皿に盛り、お好みでケッパーを散らす。

arrange 4

カラフルビーンズサラダ

水筒で煮豆ができる〝マジック〟を使って
かんたんに作れる大人気レシピです。

◉材料（４人分）

乾燥豆…計 100g
＊黒豆、大豆、金時豆、花豆など何種類か合わせると
味も彩りもよくなります。
枝豆（冷凍で可）…さやをむいて⅔カップ
塩…１つまみ
玉ねぎのドレッシング漬け…大さじ５～６

◉作り方

1 煮豆を作る。保温タイプの水筒に洗った乾燥豆を入れ（吸水して膨れるので水筒の¼まで）、塩を加えて熱湯を注ぎ、密閉して１晩置く。少し硬いぐらいが美味（a）。
2 煮豆と枝豆、玉ねぎのドレッシング漬けを混ぜ合わせる。

a

＊色がうつりやすいので、２つの水筒を使って白や赤豆と黒豆とを分けるとよいでしょう。

＊１晩たっても硬いときは煮汁ごと鍋に移して火にかけ沸騰させ、水筒に戻してもうしばらく置く。

arrange 5

ジャーマンポテトサラダ

主食にもなる、たっぷりとしたサラダ。
ほくほくのじゃがいもに
ベーコンと玉ねぎが絡んで、おいしい！

◉材料（４人分）

じゃがいも…中４個
＊崩れにくいメークインがおすすめ
ベーコン…３～４枚
サラダ油…大さじ½
玉ねぎのドレッシング漬け…大さじ４

◉作り方

1 じゃがいもは皮をむき半分に切って10分ほど茹でる。または１個につき２分の目安で電子レンジにかける。やわらかくなったら１cm幅の輪切りにする。
2 フライパンにサラダ油を熱し、じゃがいもと、１～1.5cm幅に切ったベーコンを炒める。
3 じゃがいもにベーコンの味がうつったら、玉ねぎのドレッシング漬けを入れ、さっと炒める。

arrange 6

定番ポテトサラダ

このポテトサラダは、じゃがいもをしっかりマッシュするのがポイント。おいしさが長持ちします。
ドレッシング漬けが入るのでマヨネーズは少なめでOK。

◉材料（４人分）

じゃがいも…中２個
きゅうり…１本
にんじん…⅓本
卵…１～２個
塩…１つまみ
マヨネーズ…¼カップ
玉ねぎのドレッシング漬け…大さじ３

◉作り方

1 きゅうりは半月切りにし、塩（分量外）をふってしんなりしたら水気を切る。
2 同じ鍋に半分に切ったじゃがいも、皮をむいたにんじん、卵をまるごと入れ、かぶるくらいの水と塩を入れ、火にかける。15分ほど茹でてとり出し、じゃがいもは皮をむく。
3 お湯を捨てた鍋にじゃがいもを戻し、マッシュする。マッシャーがなければおたまの丸い部分やしゃもじ、木べらなどでよくつぶす。
4 じゃがいもが熱いうちに玉ねぎのドレッシング漬けを入れる。
5 にんじんは薄いいちょう切り、茹で卵は殻をむいて粗みじん切りにする。
6 じゃがいもの粗熱がとれたらきゅうり、にんじん、卵、マヨネーズを入れて混ぜる。

強い味方

チキンライスの素

子どもたちが大好きだったチキンライス。でも、鶏肉は火が通るのに時間がかかります。忙しい時に手早く作りたい、と考えついたのがこれ。チキンライスだけでなく、ドリアやオムライスにもなります。パプリカパウダーを入れると味がワンランクアップします。

チキンライスの素の作り方

◉材料（600ｇ分）

鶏もも肉…300ｇ
玉ねぎ…１個
マッシュルーム缶（スライス）…１缶
バター…20ｇ
サラダ油…大さじ１弱
パプリカパウダー…大さじ２
ケチャップ…大さじ２
コンソメ（顆粒）…小さじ２
塩…小さじ１
こしょう…少々

◉作り方

1 鶏肉は親指の先ほどの大きさに、玉ねぎは粗みじんに切る。
2 フライパンを熱してバターとサラダ油を溶かし、玉ねぎを炒め、透きとおってきたら端によせて空いたスペースに鶏肉を入れる。
3 肉に火が通ったらマッシュルーム、パプリカパウダー、ケチャップを入れ、コンソメ、塩、こしょうで味を調える（a）。

＊すぐに使わないときは１人分（150g）ずつ小分けしてビニール袋に入れ、平らにして冷凍する（b）。

＊私はこの倍の量を作って冷凍します。

a

b

arrange 1

チキンライス

◉材料（1人分）

チキンライスの素 …150g
ご飯 …200g
バター…10g

＊冷凍チキンライスの素を使う場合は解凍しておく。電子レンジの場合は容器に入れ2～3分。

◉作り方

1 温かいご飯を用意する（冷やご飯の場合はレンジで温めて）。
2 フライパンを熱してバターを溶かし、ご飯を入れてバターライスを作る。
3 チキンライスの素を入れて炒め合わせる。

arrange 2

オムライス

◉材料（1人分）

チキンライスの素…150g
ご飯…200g
バター…10g
サラダ油…大さじ½
卵…2個
塩…ほんの1つまみ
パセリ…適量
ケチャップ…適量

◉作り方

1 チキンライスを作り（上記参照）、フライパンからいったん取り出す。
2 フライパンにサラダ油をひいて強火で熱し、塩を入れた溶き卵を一気にまわし入れる。
3 卵が半熟状態になったら上にチキンライスを載せ、卵で包むようにしてフライパンを傾けながら皿に移す。パセリ、ケチャップを載せてどうぞ。

arrange 3

ドリア

◉材料（1人分）

チキンライスの素…150g
ご飯…200g
バター…10g
ホワイトソース
（P24参照、缶詰でもよい）…1カップ
とろけるチーズ…30g

◉作り方

1 チキンライスを作り（上記参照）、耐熱皿に入れホワイトソースをかける。
2 その上にチーズを載せて250度のオーブンかオーブントースターで、焼き色がつくまで焼く。

失敗なし ホワイトソース

若い人向けのお料理教室で聞く「ホワイトソースはダマになっちゃうから作らない」という声の、なんと多いこと！　そこで、ホワイトソースを絶対しくじらないで作れる方法を考えました。これで、グラタンやドリアもお手軽に作れます。

これも多めに作ったら１００ｇずつ小分けにして冷凍しましょう。

ホワイトソースの作り方

◉材料（200ｇ分）

バター…20ｇ
小麦粉…大さじ２
牛乳…２カップ
コンソメ（顆粒）…小さじ½

◉作り方

1　牛乳は鍋に入れて火にかけ温める。沸騰はさせず周りがぷつぷつしてきたら火をとめる。
2　弱火のフライパンでバターを焦がさないようにゆっくり溶かす。溶けてきたら小麦粉を入れよく混ぜる（a）。
3　ふつふつとしてきたらいったんボウルに移し、1の牛乳を一気に入れてかき混ぜる（b）。
4　もとのフライパンに戻し、中火にかけてコンソメを入れ、とろっとするまでかき混ぜていく（c）。

＊白色を保つため、容器と調理器具の両方が金属製にならないように（泡だて器を使うならガラスボウル、フライパンにはゴムべらや木べらを使うなど）してください。

＊時間がたって固くなってしまったら、温めた牛乳でのばしましょう。

a

b

c

arrange 1

ほうれん草の ホワイトソース和え

ほうれん草嫌いだった息子に
何とか食べさせようと考えた、これぞ！の１品。

◉材料（４人分）

ほうれん草…１束
卵…２個
ハム…３～４枚
ホワイトソース…200ｇ

＊冷凍ホワイトソースを使う場合は自然解凍しておく。解凍した際、なめらかでなかったら牛乳でのばしてください。

◉作り方

1　ほうれん草は３cmの長さに切る。茹でたら冷水をはったボウルにつけ、すぐに取り出して絞る。
2　茹で卵を作り、大きめに切る。ハムは１cm角に切る。
3　ほうれん草、茹で卵、ハムをホワイトソースで和える。

arrange 2

なすのラザニア風

ラザニアが好きでよく作るのですが、
パスタの代わりになすを使ってみました。
チーズをたっぷり載せてどうぞ。

◉材料（４人分）

なす…４～５本
サラダ油…大さじ３～４
塩・こしょう…適量
ミートソース缶…１缶
ホワイトソース…200ｇ
とろけるチーズ…100ｇ

◉作り方

1　なすはへたを落として長さを２等分に切り１cm幅にスライスする。
2　フライパンにサラダ油を熱し、強火でなすの両面を焼きつけ、塩・こしょうで味をつける。
3　耐熱容器になす、ミートソース、ホワイトソースの順番で入れ、それを何回か重ねて層にする。
4　最後にとろけるチーズを載せ、230度のオーブンまたはオーブントースターで、焼き色がつくまで焼く。

アレンジ抜群

特製肉みそ

わが家秘伝の肉みそは本当に便利。紹介するジャージャー麺のほか、冷麦やうどんにかけてもおいしく、野菜や豆腐につけるとボリュームアップします。私はこれも多めに（レシピの倍量くらい）作って冷凍保存しています。

特製肉みその作り方

◉材料（400ｇ分）

豚挽き肉…200ｇ
玉ねぎ…１個
サラダ油…大さじ$\frac{1}{2}$
しょうが、にんにく…各１片
みそ…60ｇ
鶏がらスープの素（顆粒）…大さじ１
水…50cc
焼肉のたれ（市販でも可）…大さじ１

◉作り方

1 フライパンにサラダ油を熱し、みじん切りにしたしょうが、にんにくを入れて香りが出てくるまで弱火で炒める。
2 みじん切りにした玉ねぎを入れ、しんなりしてきたら端によせて挽き肉を入れる（a）。
3 すぐに動かさずにじっくり焼いていき、焦げ目がついて徐々にほぐれてきたら玉ねぎと合わせる。
4 水、鶏がらスープの素、みそを入れ、焼肉のたれで味を調える（b）。

＊冷凍保存する場合は100ｇずつ小分けにしてビニール袋に入れると便利です（c）。

a

b

c

arrange

ジャージャー麺

昔々、母がどこかで習って作ってくれたジャージャー麺は、
そのままわが家の定番レシピになりました。
食べるときは、全体をよく混ぜましょう。

◉作り方

1 麺を茹でて水でしめ、ごま油、しょう油をかける。
2 きゅうりは千切り、トマトはくし形切りにし、肉みそと一緒に麺に載せる。

◉材料（４人分）

中華麺…４玉
ごま油…大さじ１
しょう油…大さじ１
肉みそ…400ｇ
きゅうり…２本
トマト…１個

column

ひと手間でグンと変わる料理の秘訣 ②

すぐにいじらない！　挽き肉の炒め方

皆さん、挽き肉はどのように炒めていますか？　火にかけてすぐに手を動かしているでしょうか？
もう何十年も前に、挽き肉の炒め方を習いました。私にとっては当たり前のようになっていた方法ですが、意外と知られていないようで、「目からうろこ」と驚かれます。
こうすれば、肉のうま味がきちんと残り、肉の１粒１粒の味が感じられます。

1

フライパンを強火で熱し、挽き肉を載せたら、すぐにほぐさずにジッと我慢してください。こうして、１面ずつ焼きつけます。

2

肉の脂が出てきて自然にほぐれてきたら、お箸やフライ返しを使ってかんたんに混ぜていきます。

3

味つけが必要な場合は、肉が細かくなってからしましょう。

時間が勝負！　炒り卵の調理法

きれいな炒り卵を作るには、なんと言っても時間が勝負です。菜箸や割り箸を何本も使って素早く回しましょう。
均一に細かく、色鮮やかな炒り卵は、お寿司やサラダによく映えます。

1

ボウルに卵や調味料を入れ、よくかき混ぜる。うま味調味料を入れると、色が鮮やかになります。

2

小鍋に卵液をさっと流し入れ、中火で、菜箸４～５本を使って手早くかき混ぜていきます。

3

卵がポロポロの状態になるまでかき混ぜましょう。

3

マンネリ防止 展開表

夕食のメニューに悩んだ末、
結局作り慣れているものになってしまう……。
献立のマンネリ化は多くの人が
「どうにかしたい」と思っていることでしょう。
私は子育ての忙しいとき、週末に
子どもたちと一緒に「献立会議」を開いて、
1週間の献立を決めていました。
下の展開表に組み入れながら献立を立てて、
ずいぶんマンネリ解消になりました。
次のページにあるわが家の例をご参考に、
あなたのお家の展開表を
作ってみてはいかがでしょう。

展開表

	挽き肉	鶏	豚	牛	魚
生					
焼く 炒める					
煮る 煮込む					
揚げる					
蒸す 茹でる					
オーブン					
ご飯 麺					

わが家の展開表

	挽き肉	鶏	豚	牛	魚
生				・たたき	・刺身 ・カルパッチョ
焼く 炒める	・ハンバーグ ・麻婆豆腐 ・餃子	・てり焼き	・しょうが焼き	・ステーキ ・すき焼き	・焼き魚 ・焼き漬け ・みそ漬け
煮る 煮込む	・ロール キャベツ	・さっぱり煮	・角煮	・ビーフシチュー	・煮魚 ・みそ煮 ・三平汁
揚げる	・コロッケ	・から揚げ ・むね肉の 揚げ焼き	・とんかつ ・酢豚		・鮭マヨ ・エビマヨ ・フライ
蒸す 茹でる	・しゅうまい ・水餃子	・蒸し鶏	・冷しゃぶ ・茹で豚		・エビワンタン
オーブン	・ラザニア	・ローストチキン	・スペアリブ	・ローストビーフ	
ご飯 麺	・ビビンバ ・ジャージャー麺	・チキンライス ・親子丼	・豚丼 ・冷やし中華	・牛丼	・鮭チャーハン ・パエリア

私がよく作るレシピを展開表に入れてみました。同じ素材でも、まったく違った料理ができあがります。上表は主菜の表ですが、同じようにして野菜や豆腐のレシピも考えることができます。

鶏肉
展開
- さっぱり煮
- むね肉の揚げ焼き
- ローストチキン

鮭
展開
- 焼き漬け
- みそ漬け
- 三平汁
- 鮭マヨ
- チャーハン

なす
展開
- 南蛮漬け
- ステーキ
- ほたほた煮
- オードブル3種

次の展開料理をご紹介します

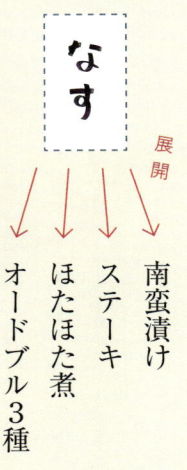

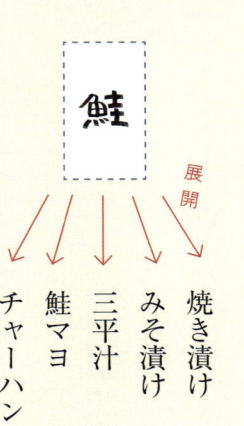

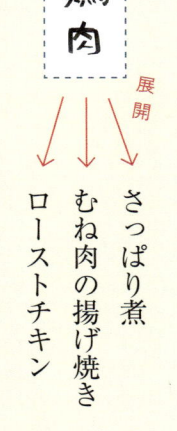

鶏肉の展開①

むね肉の揚げ焼きねぎソース

家計には優しいけれど、パサつきがち。
そんなむね肉がおいしくいただけます。
ねぎソースは保存がきくので多めに作っておくと便利。
冷やっこやふろふき大根などにもよく合います。

◉材料（４人分）

鶏むね肉…300～400g
酒…大さじ２
卵…１個
かたくり粉…大さじ３
小麦粉…大さじ３
長ねぎ…１本（青い部分も丸ごと）
たれ（しょう油…大さじ３／酢・酒…各大さじ１）
サラダ油…適量

◉作り方

1 肉は100gくらいに削ぎ切りし、酒をふりかけておく。
2 長ねぎは細かい小口切りにしてたれにつけ、ねぎソースを作る。
3 1に卵、かたくり粉、小麦粉を加えてざっくりと混ぜる。
4 フライパンに肉が浸かるほどの油（使用済み油でも可）を入れて中火にかけ、低温度（160度くらい）でゆっくりと、こんがりするまで揚げ焼きする。
5 食べやすい大きさに切って器に盛り、ねぎソースをかける。

中華風ローストチキンと煮卵

うま味たっぷりの調味液に1晩つけたお肉を焼くだけ。どーんと豪華なのでおもてなしにも向いています。これまた、かんたんにできる煮卵を添えて。

中華風 ローストチキン

◉材料（４人分）

鶏もも肉…２枚（600ｇほど）
Ⓐ 酒…大さじ２
Ⓐ オイスターソース…大さじ２
Ⓐ 砂糖…大さじ２
Ⓐ ごま油…少々
塩・こしょう…各適量
サラダ菜…適量

◉作り方

1 肉１枚につき小さじ１弱の塩をすりこみ、こしょうをふる。
2 肉をⒶの調味液につけこみ、冷蔵庫で１晩おく。
3 皮目を上にして200度のオーブンで20分ほど焼いて焼き目をつけ、ひっくり返して両面をしっかり焼く。
4 肉は２～３cm幅に斜めに切り、サラダ菜など野菜を添えてどうぞ。

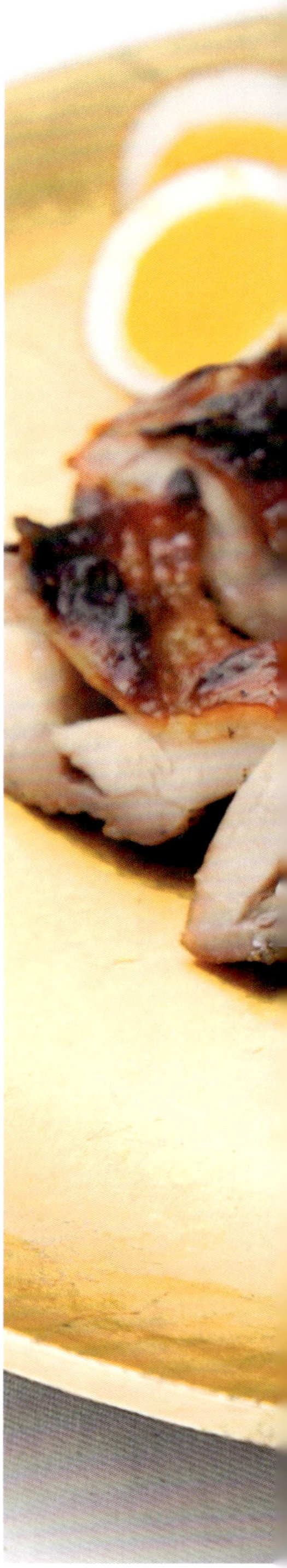

中華風煮卵

◉材料（４人分）

卵…２個
しょう油…大さじ２
ごま油…小さじ１
うま味調味料…少々
酢…数滴

◉作り方

1 鍋に卵を入れ、かぶるほどの水を入れて火にかける。沸騰してから12分、固い茹で卵を作る。
2 しょう油、ごま油、うま味調味料、酢を鍋に入れて火にかけ、殻をむいた茹で卵を入れてごろごろ転がしながら味をつける。
3 縦でも横でも、半分に切ってどうぞ。

鶏肉のさっぱり煮

とってもかんたん、そのまま冷凍もできる便利な1品。
もも肉でもおいしく作れます。

◉材料（4人分）

鶏手羽元…12本

Ⓐ
- しょう油…½カップ
- 酢・砂糖・酒…各¼カップ
- にんにく・しょうが…各1片
- 長ねぎ（青い部分でも可）…10cm
- ベイリーフ…お好みで2枚

◉作り方

1 鍋にⒶの材料を入れ、火にかけて沸騰させる。
2 鶏肉を入れ、たれがなくなるぐらいまで煮つめていく。

鮭マヨ

中華料理店でいただいたエビマヨをアレンジして、少し変わった鮭レシピができました。マヨネーズソースがおいしいと評判です。

◉材料（4人分）

生鮭…300～350g
かたくり粉…大さじ2
塩・こしょう…各適量
サラダ油…適量

マヨネーズソース
- マヨネーズ…大さじ5
- 砂糖…大さじ2
- 酢…大さじ½
- 塩・こしょう…各少々
- レモン汁…お好みで

◉作り方

1 鮭を4cm角ほどの大きさに切り、塩・こしょうをふりかけておく。
2 鮭にかたくり粉をまぶし、フライパンにサラダ油を1cmほど入れて中火にかけ、揚げ焼きする。
3 ボウルにマヨネーズソースの材料を入れて混ぜておき、揚げ焼きした鮭を入れて絡める。
盛りつけにはフリルレタスや白髪ねぎを使うとよいでしょう。

鮭の展開②

魚の焼き漬け

焼いて、たれに漬ける。シンプルゆえにお魚本来の味がします。冷蔵保存で4～5日はおいしいのでお弁当にもぴったり。生鮭やさんま、さば、いわしなどでお試しください。

◉材料（4人分）

生鮭…300～350g

たれ
- しょう油…大さじ2
- みりん…大さじ2
- 酒…大さじ2

大根おろし…お好みで

◉作り方

1 鮭を4cm角ほどの大きさに切り、焼く。

2 しょう油、みりん、酒を混ぜて火にかけ、熱々のたれに焼いた鮭を漬ける。

＊漬けてから30分ほどで食べられますが、時間が経つほど味がしみておいしくなります。

3 食べるとき、お好みで大根おろしを。

魚のみそ漬け

お家でかんたんにみそ漬けが作れます。生鮭、たら、さば、あいなめ……お魚はもちろん、容器を別にすればお肉も楽しめます。

◉材料（４人分）

魚の切り身…300～ 350ｇ
塩…少々
みそ…140ｇ
酒…$\frac{1}{4}$カップ
みりん…$\frac{1}{4}$カップ

a

◉作り方

1 魚の切り身に軽く塩をふり、10～ 15分置いて水気をふき取る。
2 みそ、酒、みりんを混ぜ合わせて容器に入れ、みそ床を作る。
3 魚の切り身をガーゼで包んで（こうすると焼く前に魚を洗う必要がありません）みそ床に漬け込み（a）、冷蔵庫に入れる。
4 半日ほど漬けると味が染みこむので、みそ床から取り出して焼く。

＊みそ床に入れたまま４～５日は持ちます。それ以上置くときは、取り出して冷凍するとよいでしょう。

鮭のチャーハン

お家で上手に作るのは難しいと言われるチャーハンですが、おいしく仕上げるコツがあります。火はずっと強火、そして味つけには鶏がらスープの素。ぜひお試しください。

◉材料（2人分）

ご飯…1人200g
塩鮭…1切れ
卵…2個
塩…1つまみ
レタス…50g
長ねぎ…緑の部分も含め10cm
鶏がらスープの素（顆粒）…大さじ½
サラダ油…大さじ2

◉作り方

1 塩鮭を焼いてほぐす。
2 サラダ油をひき、よく熱したフライパンに、塩を入れた溶き卵を流し入れて大きくかき混ぜ、半熟の状態でいったん取り出す。
3 フライパンは火にかけたまま、熱々のご飯（冷やご飯の場合はレンジで温めて）を入れ、すぐにかき混ぜないで焼きつける。
4 強火のまま塩鮭、小口切りした長ねぎ、鶏がらスープの素、大きめにちぎったレタスを入れて混ぜていく。
5 最後に卵を戻し、ざっくりと混ぜる。

三平汁

魚のあらを使った北海道の郷土料理をアレンジ。ちょっと手間をかけて、魚のだしはよく出ているけど濁っていない、すんだ汁に仕上げました。具がゴロゴロ、食欲がそそられます。

◉材料（4人分）

鮭のあら…100g
（糠にしんや塩鮭1切れでも可）
にんじん…½本
大根…200g
じゃがいも…2個
さやいんげん…5本
水…4カップ
昆布…10cm
長ねぎ…適量
塩・こしょう…各適量

◉作り方

1 鮭のあらは一口大に切り、さっと熱湯を通してざるにあけておく。
2 にんじん、大根は厚さ5mmのいちょう切り、じゃがいもは8つくらいに切る。
3 野菜と昆布、水を鍋に入れて火にかける。
4 沸騰したら鮭のあらを入れて弱火にし、こまめにアク取りをしながら煮る。
5 最後にさやいんげんを入れてひと煮立ちさせ、味を見ながら塩・こしょうで味を調えましょう。お椀に注いだら小口切りした長ねぎを。

なすの展開①

なすの南蛮漬け

揚げなくてもいい、かんたんにできる南蛮漬けをご紹介しましょう。
なすは切ったそばから水に入れると、変色を防げます。

◉材料（４人分）

なす…４～５本
サラダ油…大さじ３
塩…小さじ½
赤唐辛子…お好みで１本
にんにく…お好みで１片
ポン酢…適量

◉作り方

1 なすは大きめに乱切りし、水にさらしておく。
2 水気をよく拭いてボウルにあけ、サラダ油と塩をまぶす。
3 フライパンを中火で熱し、なすの皮目を下にして火を通し、小口切りにした赤唐辛子とすりおろしたにんにくをお好みで加え、ポン酢をかけて味をなじませる。

なすのステーキ

丸ごと1本、見た目は迫力がありますが、
とてもやわらかくてあっという間に食べられます。
手間はかからないけど時間はかかる、
そしてとび抜けておいしいレシピです。

◉材料（4人分）

なす…4本（1人1本）
オリーブ油…大さじ4（なす1本に大さじ1）
ガーリックパウダー…適量
だしじょう油…大さじ2
パセリ…適量

◉作り方

1 なすはへたをとって皮をむき、水にさらしておく。
2 フライパンに水気をよく拭いたなすを置き、オリーブ油をかけ、中火にかける（a）。
3 少したったら弱火にし、長時間かけて全ての面に焼き目をつけながら、中まで火を通していく。
4 仕上げにガーリックパウダー、だしじょう油をかけ、お皿に載せてパセリをふりかける。

a

なすのほたほた煮

なすの季節になるとすぐに作る1品。さやいんげんの他に、切り昆布との相性も抜群です。

◉材料（４人分）

なす…４～５本
さやいんげん…100g
サラダ油…大さじ１
赤唐辛子…お好みで

Ⓐ
だし汁…１カップ
しょう油…大さじ２
砂糖・みりん…各大さじ１

＊Ⓐは市販の麺つゆを少し薄めの味にして代用できます。

◉作り方

1 なすはへたをとって縦半分に切り、皮に斜めに細かく隠し包丁を入れ、水にさらしておく。
2 さやいんげんは筋を取り、半分の長さに切る。
3 Ⓐを鍋に入れて火にかけ、熱くなったらサラダ油を入れ、沸騰したらなすを皮を下にして入れる。色が抜けるのを防ぐため、なすは全体がだし汁に浸かっているようにしましょう。
4 なすをよせてさやいんげんとお好みで赤唐辛子を入れ、落としぶたをし、弱火でやわらかくなるまで15分ほど煮る。

なすのオードブル 3種

輪切りにしたなすが、あっという間におもてなし料理に。
お好みのトッピングでお楽しみください。
ここでは、ちりめんじゃこ・トマト・チーズにしました。

◉作り方

1　なすは厚さ1.5cmの輪切りにし、水にさらしておく。

2　フライパンに油をひき、なすを並べ、両面に焦げ目がつくまで焼く。

3　●じゃこ…じゃこと細かく切った細ねぎにしょう油、ごま油を混ぜてなすに載せる。

●トマト…1cm角に切ったトマトとドレッシングを和え、なすに載せる。バジルを飾る。

●チーズ…粉チーズとパセリをなすにふりかける。

◉材料（4人分）

なす…4～5本
サラダ油…大さじ3

じゃこ
- ちりめんじゃこ…大さじ2
- 細ねぎ…2～3本（長ねぎでも可）
- しょう油・ごま油…各適量

トマト
- トマト…1個
- バジル…適量
- ドレッシング…小さじ1

チーズ
- 粉チーズ…適量
- パセリ…適量

column

ひと手間でグンと変わる料理の秘訣 ③

具材は同じ大きさ、切り方に

煮物、ちらし寿司、野菜炒めなど、たくさんの具材を入れる料理は、同じ大きさ、切り方で揃えましょう(a)。
火の通りや味の染みこみ方が均一になり、見た目もとてもきれいです(b)。

a

b

青菜の軸は捨てないで

ほうれん草や小松菜などの青菜を調理するとき、土が付いているからと、軸の部分を捨てていませんか？
でも、この部分は甘味も栄養も詰まっているおいしいところなので、ぜひ捨てずに使いましょう。こんなふうにすると、かんたんです。

a

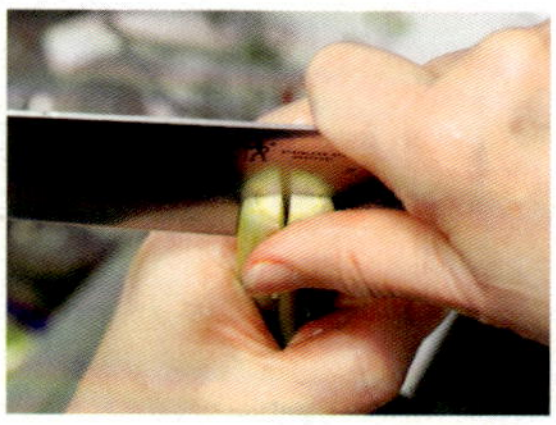

根の先の汚いところだけを切り取って、軸の部分に縦横十字の切れ目をいれます。

→

b

この切れ目から水を流して洗えば泥が簡単に落ち、軸がそのまま使えます。

玉ねぎの切り方と使い方

お料理のすぐれた隠し味になる玉ねぎ。この本でも、ドレッシング漬けから始まり、玉ねぎが何度も登場します。レシピに合わせて、あるいはお好みで、切り方を変えてみてはいかがでしょう？

繊維に沿って切る

硬さを残す切り方です。

・シャキシャキした食感を楽しみたいとき（サラダなど）
・しばらく煮込むとき（カレーやシチューなど）
・玉ねぎの辛さを出したいとき

繊維に直角に切る

やわらかくする切り方です。

・やわらかな食感にしたいとき（煮物、サラダなど）
・子どもやお年寄りが食べるとき
・玉ねぎの甘さを出したいとき

4

主菜

どーんと見せる

楽しい食卓は、味がおいしいのはもちろん、
見た目がよいことも大切です。
食卓を華やかにしてくれるのは、
なんと言っても主菜。
どーんと存在感がある主菜があれば、
お腹も心も満たされます。
でも、凝った料理をする必要はありません。
ここでは、素材を活かした、
シンプルな主菜レシピをお届けします。

から揚げ

皆が大好きなから揚げ。
このレシピはお肉がやわらかく、
とてもジューシーに仕上がります。
かたくり粉に加え、
衣に卵と小麦粉を入れるのがポイントです。

a

b

c

◉作り方

1 肉は適当な大きさに切る。しょうが、にんにくはすりおろす。

2 ボウルに肉を入れ、塩、こしょう、Ⓐで味をつける。

3 30分ほどおいたら卵を割りいれ、さらに小麦粉、かたくり粉を入れて（a）、とろとろに混ぜ合わせる（b）。

4 サラダ油を熱し180度で焦がさないように、じっくり揚げる（c）。

◉材料（４人分）

鶏もも肉…500g
塩…小さじ１
こしょう…少々
Ⓐ 酒…大さじ１½
　 しょう油…大さじ３
　 しょうが・にんにく…各１片
卵…１個
小麦粉…大さじ３
かたくり粉…大さじ３
サラダ油…適量

スペアリブ塩麹焼き

ただ漬け込むだけで味つけいらず。そしてお肉は骨からほろっと離れるほど、やわらかくなります。塩麹はやはりすぐれもの。香りづけにベイリーフも入れてみました。

◉材料（4人分）

スペアリブ…500g
塩麹…大さじ6
ベイリーフ…お好みで2枚ほど
ブラックペッパー…適量

◉作り方

1　肉にブラックペッパーをふりかける。
2　密閉できる保存容器に塩麹、肉、お好みでベイリーフを入れて冷蔵庫へ(a)。2日ほど漬けておくと、とてもおいしくなります。
3　フライパンを熱し、漬けていた肉を洗わずに置き、すべての面を焼いていく(b)。
4　焦げ目がついたら弱火にして蓋をし、肉がやわらかくなるまで火を通す。

a

b

塩麹ローストチキン

塩麹に漬けておくことで鶏肉特有のにおいがなくなり、
ぐっとうま味が増します。

◉材料（４人分）

鶏もも肉…300ｇ
塩麹…大さじ２

◉作り方

1　ビニール袋や保存容器に肉と塩麹を入れ、全体的によくなじませる（a）。
2　冷蔵庫に１日（２～３日でも可）入れておく。
3　肉を取り出し250度のオーブンで15分、皮にきれいな焦げ目がついたら裏返して５分焼く。
＊フライパンや魚焼きグリルで焼いてもよいです。
4　冷めてから２cmほどの幅に切る。

a

野菜たっぷりの冷しゃぶ

茹でたお肉は水にさらさず、ざるにあけて自然に冷ましましょう。そうすれば肉の脂が固まり、うま味がなくなることもありません。そのぶん、お野菜は冷蔵庫でしゃきっと冷やしておくとよいでしょう。

◉作り方

1 塩と酒を入れた水を沸かし、肉を茹でる。塩と酒を入れると肉のうま味が逃げません。
2 肉に火が通ったらざるにあけ、自然に冷ます。
3 もやしは茹でる。他の野菜はそれぞれ３〜４cmの長さの細切りにし、水をはったボウルに入れて混ぜる。
4 野菜をざるにあけて水を切り、もやしと混ぜ、冷蔵庫で冷やす。
5 食べる直前に4の上に肉を載せ、ポン酢やごまだれをお好みで。

◉材料（４人分）

豚バラ肉（しゃぶしゃぶ用）…300g
塩…１つまみ
酒…大さじ１
野菜…全部で400g
（きゃべつ、レタス、にんじん、玉ねぎ、もやし、水菜など）
ポン酢やごまだれ…適量

海の幸のカルパッチョ

前菜やサラダとして食べることが多いカルパッチョも、野菜をたっぷり添えたら豪華な1品になります。ポン酢や市販のドレッシングでもよいですが、この夏らしいドレッシングもおすすめです。

◉材料（４人分）

魚介…200ｇ
（ヒラメやソイなどの白身魚、帆立、タコなどが合います）
玉ねぎ…１個
水菜…１束
ピンクペッパー…適量
レモン…適量
ドレッシング
酢・オリーブ油・しょう油・マヨネーズ…各大さじ１
ゆずこしょう…小さじ１
にんにく（すりおろし）…少々

◉作り方

1 魚介は薄く切って塩をふる。こうすると身が締まります。
2 玉ねぎはスライスし、水菜は３cm の長さに切り、水をはったボウルに入れてよく混ぜ、ざるに取り出す。
3 ２を皿に盛って魚介を載せ、ピンクペッパーやレモンをお好みで載せる。お好きなドレッシングをかけてどうぞ。

エビマヨ

エビマヨが好きで、
中華料理店のようにコンデンスミルクや
粒マスタードを使って作っていました。
そしてついに、すごくかんたんなのに、
お店と同じような味になるレシピを発見。
大きめのエビを使うと、
ぐっと豪華になります。

a

b

c

◉作り方

1　エビは殻をむき、酒、塩をふりかけておく。

2　エビにかたくり粉をまぶす(a)。フライパンにサラダ油を熱し180度で揚げる(b)。

3　ボウルにマヨネーズソースの材料を入れて混ぜておき、揚げたエビを入れてさっくりと絡ませる(c)。

◉材料（4人分）

エビ…12尾（大きめ）
酒・塩…各少々
かたくり粉…適量
マヨネーズソース
- マヨネーズ…大さじ5
- 砂糖…大さじ2
- 酢…大さじ½
- 塩・こしょう…各少々
- レモン汁…お好みで

サラダ油…適量

エビの冷やしワンタン

20年以上も前から作っているレシピです。
白身魚のすり身は
北海道ではどこでも手に入りますが、
他の地域では入手が難しいことも。
はんぺんで代用できますし、
エビだけにしても構いません。

◉材料（４人分）

エビのむき身…150ｇ
白身魚のすり身（はんぺん）…150ｇ
梅ぼし…１個
Ⓐ 塩…小さじ½
　 酒…小さじ１
　 ごま油…小さじ１
　 こしょう…少々
ワンタンの皮…２袋（40枚）
ラー油や練りがらし…お好みで

a

b

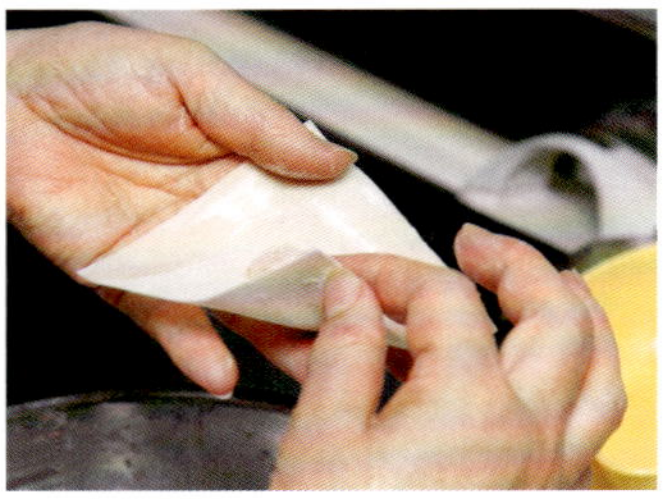
c

◉作り方

1 エビのむき身は尻尾がついていたら取り、細かく刻む。
2 ボウルに刻んだエビと白身魚のすり身（はんぺんの場合はつぶしてのばす）、種を取り出してつぶした梅ぼし、Ⓐを入れ（a）、かき混ぜて餡を作る（b）。
＊すり身やはんぺんがなくてエビだけの場合は、つなぎとしてかたくり粉（大さじ１）を入れてください。
3 餡をワンタンの皮に包む。皮の真ん中に小さじ１ほどの餡を置き、皮の２辺に水をつけてしっかりと閉じる（c）。
4 鍋にたっぷりの湯を沸かし、沸騰したら３を入れていく。
5 鍋の大きさによりますが、１回に７～８個が目安。
２分ほどたって浮いてきたら、ざるにあける。ワンタンはくっつきやすいので、時々ゆすって離しておきましょう。氷を数個、一緒に置いておいてもよいです。
6 餡にしっかり味がついていますが、お好みでラー油や練りがらしをつけて。

豆腐のステーキ

ボリュームがあって、立派な主菜になるお豆腐料理です。
にんにくバターソースで洋風の仕上がりに。

◉作り方

1　豆腐をキッチンペーパーに包み、電子レンジに3分かけ水切りをする。
2　豆腐を横に切って半分の厚さにする。
3　フライパンにサラダ油をひき、豆腐の両面に焼き目がつくまで焼く（a）。
4　別のフライパンにバターをひき、きのこを炒め、火が通ったら、おろしにんにく（ガーリックパウダー）、だしじょう油、酒、小口切りにした細ねぎを入れる。
5　豆腐を皿に載せ、4のきのこソースをかける。

a

◉材料（2人分）

木綿豆腐…1丁
サラダ油…大さじ2
きのこ…全部で300gほど
（しめじ、えのきだけ、しいたけなど数種類あるとおいしいです）
細ねぎ…⅓束
バター…15gほど
にんにく…1片（ガーリックパウダーでも可）
だしじょう油…大さじ3
酒…大さじ1

豆腐の中華風うま煮

にらやねぎの風味がよく効いて、うま味抜群の1品。中華は最初に調味料をすべて合わせておくので、実は手間いらずです。にらは最後に入れると、くたっとしません。

◉材料（４人分）

絹ごし豆腐…１丁
豚バラ肉（うす切り）…80g
長ねぎ…½本
にら…½束
赤唐辛子…１本
Ⓐ ごま油・しょう油・酒…各大さじ½
かたくり粉…大さじ１½
塩・こしょう…各少々
スープ（鶏がらスープの素入り）…１½カップ

◉作り方

1 肉は３cm幅に、長ねぎは粗みじん切り、にらは３cmの長さ、赤唐辛子は種を出して小口切りにする。
2 Ⓐの調味料をボウルに入れて混ぜる。
3 フライパンで肉と長ねぎ、赤唐辛子を炒め、火が通ったら２を入れて煮立たせる。
4 豆腐を手でちぎりながら入れ、にらも入れて、再び煮立ったらできあがり。

column

私のおすすめ市販調味料

シンプルな味が一番と思っていますが、市販の調味料でも「おいしい！」と感じたものは、どんどん使っています。各メーカーが研究に研究を重ねてたどり着いた味なので、よくできたものが多いのも事実。その中で私が愛用している調味料をご紹介しましょう。

④広島のレモン果汁100%　(日本生活協同組合連合会)

マリネやドレッシングにレモンをちょっとかけたいとき、レモン代わりになります。なるべく国産で自然なものをと思って選んだら正解。さつまいもの甘煮やヨーグルトゼリーにも欠かせません。

⑤あご入兵四郎だし　(有限会社味の兵四郎)

かつおだし、昆布だしでは物足らないとき、このあごのだしの出番です。お値段は少々高いですが、これを入れると、ぐっとコクがでます。煮物やおみそ汁、麺つゆなどに使っています。

⑥ぽん酢醤油／低塩だし醤油　(鎌田醤油株式会社)

ここの低塩だし醤油との出会いは30年以上も前のこと。おいしい物に詳しい知人が「とにかく、卵ご飯にかけて食べてみて」と送ってくださったのがきっかけでした。以来、わが家の台所の常備調味料になり、一度に何本もお取り寄せをしています。醤油、かつおだし、酒を使って味つけしていた炒めものも、これ１本でＯＫです。ぽん酢醤油は、ごま油と混ぜて中華風ドレッシングにしたり、ゼラチンを加えてジュレにしたりして楽しんでいます。

①キムチの素　(株式会社桃屋)

私は桃屋の商品が好きでお世話になっています。なかでもこれはヒット作。白菜や大根などに軽く塩をふって水気をだし、これをかけたらかんたんキムチの出来上がり。数あるキムチの素のなかでも、自然な味でおいしいです。

②ガラスープ　(ユウキ食品株式会社)

とても重宝している鶏がら顆粒だし。類似商品はいくつもありますが、このガラスープは濃すぎなくて、断トツでおいしい。チャーハンやラーメンのつゆにはもちろん、お吸い物やホワイトソースなど、和風や洋風料理にも使えます。コンソメよりくせがありません。業務用スーパーに特別サイズを買いに行くほど多用しています。

③日本のきざみにんにく　(日本生活協同組合連合会)

にんにくをちょっと加えたいとき、皮をむいて切って、という作業は面倒なもの。そんなときに便利なのがこれです。青森県田子町産なのもいいですね。にんにくは、パウダーもよく使います。

5

これさえあれば！

ご飯・麺

忙しい時でも
かんたん満足

とても忙しくて料理をする時間が
なかなかとれなかった時期、
ご飯ものと麺類で乗り切ってきました。
その1品だけで満足してもらえるもの、
かんたんなのに手を抜いているようには
見えないもの……。
そんなご飯・麺レシピをご紹介しましょう。
旬のものを使ったご飯、ボリュームのある丼、
かんたんに出来るおこわなど、
ぜひ試していただきたいものばかりです。

みょうがご飯

夏、暑くて食欲のないとき、あるいは時間のないときにおすすめです。

料理とは言えないほどかんたんなのに、これだけで充分！ と思えてしまう、魔法のような1品。

◉材料（4人分）

ご飯…4膳
みょうが…6本
かつお節…6g（2小袋）
だしじょう油…大さじ2
ごま油…お好みで

◉作り方

1 みょうがは小口切りにし、かつお節、だしじょう油と混ぜる。ごま油をたらすと、おいしさにコクが出ます。
2 ご飯の上にたっぷり載せてどうぞ。

菜の花寿司

春になるのを待ちわびて作るお寿司です。本物の菜の花は苦味が強いので、アスパラを菜の花の葉に、炒り卵をお花に見たてました。

◉材料（4人分）

ご飯…3合
甘酢（P7参照）…大さじ3
炒り卵
- 卵…3個
- 砂糖…大さじ1
- 酒…小さじ1
- 塩…1つまみ
- うま味調味料…お好みで1ふり

アスパラガス…1束
ちりめんじゃこ…⅔カップ
白ごま…適量

◉作り方

1 ご飯を炊き（冷やご飯の場合はレンジで温めて）、甘酢を回しかけ、酢めしを作る。
2 ボウルに卵、砂糖、酒、塩、お好みでうま味調味料を入れ、よくかき混ぜてから鍋に移し、火にかけて炒り卵を作っていく（P28参照）。
3 アスパラガスはピーラーで皮をむいて1cmの長さに切り、沸騰した湯でさっと茹でる。
4 酢めしにアスパラガス、炒り卵、ちりめんじゃこ、白ごまを入れてご飯をつぶさないようにさっくりと混ぜる。

枝豆ご飯

冷凍食品の枝豆もおいしいので、
わが家では１年を通して作る定番メニューです。

◉材料（４人分）

米…３合
Ⓐ 昆布…10cm くらい
　 酒…大さじ３
　 塩…小さじ½強
枝豆（冷凍で可）…⅔〜１カップ
（さやから出した状態）

◉作り方

1　といだ米、Ⓐを炊飯器に入れ、３合の目盛まで水を加えて炊く。
2　炊きあがったら枝豆をまぜる。

さつまいもご飯

秋になると必ず作ります。私の周りでは
「栗ご飯より好き」というファンがたくさん。

◉材料（４人分）

米…２合
もち米…１合
Ⓐ 昆布…５cm 角１枚
　 酒…大さじ３
　 塩…小さじ½強
さつまいも…200g
黒ごま…適量

◉作り方

1　炊く30分前に米ともち米を一緒にとぎ、ざるにあけておく。
2　さつまいもは皮つきのまま１cm の厚さのいちょう切りにし、水につけてアクを抜く。
3　炊飯器に米とⒶ、さつまいもを入れ、３合の目盛まで水を加えて炊く。
4　器に盛ったら黒ごまをふる。

丼

温玉丼

外食で締めの料理として出てきた1品に感動、再現してみました。
そのお店では上品に小さめのお椀でしたが、
とてもおいしいので、お家では丼でどーんと召し上がれ。

◉材料（1人分）

ご飯…200g
温泉卵（市販でも可）…1個
しそ…2～3枚
揚げ玉…大さじ1～2
てりたれ（P6参照）…大さじ1

◉作り方

1 温泉卵を作る。鍋に卵がかぶるくらいの水を入れて沸騰させ、火をとめたら常温に戻しておいた卵を静かに入れる。ふたをしないで15～20分置くとできます。
2 ご飯を器に盛り、しそ（大きいままでもみじん切りにしても）、揚げ玉を載せ、てりたれをかける。最後に温泉卵を置く。

ビビンバ風丼

たくさんの具を揃えるのが大変なビビンバ。どうせ混ぜて食べるのだからと、全部の野菜をいっぺんに茹でてナムルにしちゃいました。そぼろは市販の焼肉のたれで味をつけるので、とてもかんたんです。

◉作り方

1 肉そぼろを作る（P28参照）。火が通ったら焼肉のたれで味をつける。

2 豆もやしはよく洗い、にんじんは4cmの長さの太めの千切り、ぜんまいとしゅんぎくも4cmの長さに切る。

3 鍋に湯を沸かし、沸騰したら野菜を時間差で入れていく。最初に豆もやしとぜんまいを入れ、ひと煮立ちしたらにんじん、またひと煮立ちしたらしゅんぎくを（a）。火が通ったらざるにあけ、湯を切る。

4 ボウルにⒶを合わせ、茹でた野菜を軽く絞って入れ、混ぜてナムルを作る。

5 ご飯に肉そぼろとナムルをかける。食べるときに好みでコチュジャンを。

◉材料（4人分）

ご飯…1人200g
合挽き肉…200～300g
豆もやし…1袋
ぜんまい（水煮）…100g
にんじん…⅓本
しゅんぎく…半束
＊野菜は全部で500gほど

焼肉のたれ（市販で可）
…¼カップ
Ⓐ 塩…小さじ1弱
ごま油…大さじ1½
うま味調味料
…お好みで少し
コチュジャン
…お好みで少し

a

親子丼

みんなが好きな親子丼を作ってみましょう。
大人数分を作るときは、フライパンなど、浅くて口の広い鍋を使うとよいです。

◉材料（1人分）

ご飯…200ｇ
鶏もも肉…60ｇ
玉ねぎ…60ｇ
卵…２個
三つ葉…適量
だし汁…大さじ３～４
てりたれ（P6参照）…大さじ２

◉作り方

1. 肉は一口大に切る。玉ねぎは薄切りにする。
2. だし汁とてりたれを鍋に入れて、火にかける。
3. 煮立ったら玉ねぎを敷き、その上に肉を置く。
4. 肉に火が通ったら、卵を溶いて入れる(a)。
5. お箸で大きくかき混ぜ、卵に８分通り火が通ったら火を消し、三つ葉を載せる。蓋をして蒸らすとふわっと仕上がります。

a

定番
人気

蕎麦や風カレーうどん

わが家のカレーうどんは、残ったカレーではなくカレー粉から作ります。
お蕎麦やさんにあるようなカレー南蛮が、家でもかんたんに作れます。

◉作り方

1　肉は３～４cm幅に切り、玉ねぎは薄切りにする。
2　カレー粉とかたくり粉を混ぜ、少量の水で溶く。
3　麺つゆを沸騰させ、玉ねぎと肉を入れて火を通す。
4　2を入れてひと煮立ちさせる。
5　うどんを茹でて器に入れ、4をかけて青菜などを載せる。

◉材料（１人分）

うどん…１玉（茹で麺）／100g（乾麺）
豚バラ肉…50g
玉ねぎ…70g
青菜など青みのもの…適量
カレー粉…大さじ½～１
かたくり粉…小さじ１
麺つゆ（作る場合はP7参照）…１½カップ

きのこカレー

娘の新家庭を訪ねたとき、仕事から帰ってきた彼女があっという間に作ってくれた1品です。

次の日がおいしいと言われるカレーですが、これは間違いなくできたてがおいしい。

市販のルーは、違うメーカーのものを組み合わせると味が複雑に。

◉材料（４人分）

《具材》
きのこ…全部で 500g
（しいたけ、しめじ、
マッシュルームなど数種類）
玉ねぎ…２個
合挽き肉…200g
サラダ油…大さじ１
チャツネ…あれば大さじ１～２

《カレールー・水》
カレールー…５～６食分
（市販のルー２種類以上を
組み合わせる）
水…表示量より 50 ～ 100cc 少なめに

◉作り方

1 きのこは適当な大きさに分ける。玉ねぎは薄切りにする。
2 鍋にサラダ油をひき、玉ねぎを炒める。しんなりしてきたら端によせて肉を炒める。
3 水を入れ、煮立ったらきのこ類を入れる。
4 再び煮立ったら弱火にしてルーを入れ、あったらチャツネを入れる（ジャムを少し入れても味に深みがでます）。

おこわ

炊飯器でもおいしいおこわが作れます。
もち米だけでなく、お米を混ぜることがポイント。
まったく違う味のおこわを2種類、ご紹介しましょう。

山菜おこわ

◉材料（４人分）

もち米…2.5合
米…0.5合
山菜水煮…１袋（約 200g）
油揚げ…１枚

Ⓐ
- だし…大さじ２
- 酒…大さじ２
- しょう油…大さじ１½
- 砂糖…大さじ１

Ⓑ
- だし汁…３合分弱
- 酒…大さじ２
- しょう油…大さじ１
- 塩…小さじ½

◉作り方

1 もち米、米を一緒にとぎ、30分ほど水につけておく。
2 Ⓐの調味料で山菜水煮と細切りにした油揚げを煮る。
3 炊飯器に米と２を入れ、Ⓑで炊く。
4 炊き上がったらよく混ぜてどうぞ。

中華おこわ

◉材料（４人分）

もち米…2.5合
米…0.5合
ごま油…大さじ１½

Ⓐ
- 豚バラ肉…100g
- ザーサイ…70g
- 長ねぎ…10cm
- しょうが…１片

Ⓑ
- にんじん…小１本
- たけのこ…80g
- きくらげ…10g
- 干ししいたけ…３～４枚
- 銀杏（水煮）…12粒

Ⓒ
- 水…３合分弱
- 塩…小さじ½

◉作り方

1 もち米、米を一緒にとぎ、30分ほど水につけておく。

2 材料を切る。肉は１cm幅、ザーサイ、長ねぎ、しょうがはみじん切りに。にんじん、たけのこ、きくらげ（水で戻しておく）、干ししいたけ（冷蔵庫で水で戻すのがベスト）は１cmの角切りにする。

3 フライパンにごま油をひき、中火でⒶの材料を炒め、火が通ったらⒷの材料を加える。全体的に油がまわったら火をとめ、粗熱をとる。

4 炊飯器に米と3を入れ、Ⓒで炊く。

おもてなし

パエリア

フライパンで作れるお手軽パエリア。冷凍のシーフードミックスでおいしくできます。
ごちそうにしたい時は大きなエビやイカ、ムール貝を加えてみましょう。
サフランは直接入れず「サフラン湯」を作ると、きれいな色がつきます。

◉材料（3〜4人分）

サフラン湯
- 水…２カップ
- コンソメ…１個（顆粒なら小さじ２）
- サフラン…0.1g〜0.2g（12〜13本）

米…２合
冷凍シーフードミックス…全部で250〜300g
エビ、イカ、ムール貝、あさりなど…お好みで
トマト缶…100g
＊残りをすぐに使わない場合は冷凍しましょう。
玉ねぎ…１個
ピーマン（緑、赤、黄色）…各½個
にんにく…１片
オリーブ油…大さじ３
塩…小さじ½
酒…大さじ１

◉作り方

1 サフラン湯を作る。水にコンソメを入れて火にかけ、沸騰したら火をとめてサフランを入れ、15分以上置く。
2 フライパンに細かく刻んだにんにくとオリーブ油を入れ、弱火にかけて香りを出す。
3 シーフードミックス、お好みのシーフードを入れて炒め、塩、酒を加えて煮切る。シーフードは縮まないうちに取り出す（シーフードミックスはそのまま）。
4 みじん切りにした玉ねぎを加えて炒める。
5 トマト缶を加えて炒める。
6 サフラン湯を入れて強火にし、煮立ったら米(洗わないでそのまま）を入れ、底からはがすようにかき混ぜる。
7 再び沸騰したら火を弱め、蓋をして13〜15分。
8 蓋を開け、取り出していたシーフードを載せ、強火にして水分を飛ばす。
9 底からパチパチと音がしてきたら火をとめ、太めの千切りにしたピーマンを載せて蓋をし、10分ほど蒸らす。
フライパンのまま食卓にどうぞ。パセリを散らしてもきれいです。

火なし寿司

色とりどりの具材は、火を通さないでよいものばかり。
子どもが大好きなお寿司です。海苔やしそで巻いて手巻き風にすれば、
パーティーやピクニックにぴったり。

◉材料（４人分）

ご飯…３合
甘酢（P7参照）…大さじ３
かにかまぼこ…80g
プロセスチーズ…50g
ハム…３枚
きゅうり…１本
ちくわ…細めのもの２本
白ごま…適量
海苔、しそ…お好みで適量

◉作り方

1　ご飯を炊き（冷やご飯の場合はレンジで温めて）、甘酢を回しかけ、酢めしを作る。
2　具はすべて７mm ～１cm 角に切る。
3　具と酢めしを混ぜ合わせ、白ごまをふる。
4　食べるときにお好みで焼き海苔や青じそで巻く。

ご飯のお供
汁

小松菜と豆腐のスープ

食べる直前、「汁ものがない」と思ったときにおすすめのスープ。材料さえあれば、あっという間にできます。

◉材料（4人分）

小松菜…1束
豆腐…木綿1丁
水…3カップ
鶏がらスープの素（顆粒）…大さじ1
ごま油…小さじ2

a

◉作り方

1　水を沸騰させ、鶏がらスープの素を入れる。
2　4cmの長さに切った小松菜と、大きめに斜めに削ぎ切りした豆腐を入れる（a）。
3　ごま油をたらす。

夏の豚汁

スタミナ補給が必要な夏にぴったりのお汁。
ごぼうから出るだしが最高ですが、
ごぼうがない時は豚肉だけでもＯＫです。

◉材料（４人分）

豚バラ肉…薄切り３枚	細ねぎ…１本
ごぼう…100g	だし汁…３カップ
みょうが…１本	みそ…大さじ２～３
ししとう…２本	ごま油…お好みで

◉作り方

1 肉は１cm幅に切り、ごぼうはささがきにする。
2 みょうが、ししとう、細ねぎは小口切りにして混ぜておく。
3 鍋にだし汁を入れて火にかけ、沸騰したらごぼうを入れ、再び沸騰したら肉を入れてアクが出たら取り除いていく。
4 肉に火が通ったらみそをいれる。お椀によそい、２をかけ、お好みでごま油をたらす。

焼きなすとおくらの赤だし

具がだいたんに入っていて、存在感があるお汁です。
赤だしみそを使うときは、だしの味をしっかりと
利かせるのがポイント。夏には冷やしてどうぞ。

◉材料（４人分）

なす…２本	赤だしみそ…大さじ４
おくら…４本	だし汁…４カップ

◉作り方

1 なすをフライパンで、あるいはフォークなどで刺して直接火にかけて焼く(a)。皮が焦げて身がやわらかくなってきたら、さっと水に浸けて手早く皮をむく。
2 おくらはさっと熱湯にくぐらす。
3 なすは縦に何本かに割き、おくらは半分に切って器に入れる。
4 だし汁を沸かして赤だしみそを溶かし、３の器に注ぎ入れる。

a

かぼちゃのポタージュ

かぼちゃのおいしさが口の中いっぱいに広がる、おもてなしにもぴったりのポタージュ。

甘味が強くなりすぎないように、玉ねぎでなく長ねぎを入れました。

季節に合わせて温製、冷製でどうぞ。

◉材料（4人分）

かぼちゃ…¼個
長ねぎ（白い部分）…1本
バター…大さじ1
スープ｛水…3カップ／コンソメ…1個（顆粒なら小さじ2）｝
牛乳…¼カップ
塩、こしょう…各適量
生クリーム…お好みで¼カップ

◉作り方

1 かぼちゃは皮と種を取り、2～3cmの角切りにする。長ねぎは小口切りにする。
2 鍋にバターをひき、かぼちゃと長ねぎをよく炒める。
3 かぼちゃの角がなくなり丸くなってきたら、スープを入れて煮込む。
4 かぼちゃが煮くずれてきたら火をとめる。粗熱がとれたらミキサーにかけ、とろっとした状態にする。
5 ●温製の場合…4を鍋に入れ、弱火にかけながら牛乳を加えていき、塩・こしょうで味を調える。
●冷製の場合…4をボウルにあけて牛乳を加えながらざっくりとかき混ぜ、塩・こしょうで味を調える。お好みで冷蔵庫で冷やす。
6 器に注いでから生クリームをたらすと、さらにおいしくなります。

ご飯のお供
漬け物

柚子大根

大好きな京都の冬のお漬け物を家でも食べたくて考えたレシピです。
切り方を変えて、さまざまなシーンでお楽しみください。

◉材料（4人分）

大根…350g
塩…小さじ1強
ゆずまたはゆずの皮…適量
甘酢（P7参照）…大さじ3

◉作り方

1　大根は薄めの半月切り、あるいは4cmの長さの薄い短冊切りにし、塩をふり水気を出す。
2　軽く絞り、ゆずまたはゆずの皮を入れて甘酢に漬ける。
＊冷蔵庫に入れて2週間はおいしくいただけます。

辣白菜

「らーぱーつぁい」という、中華風の辛いお漬け物。本場では軸だけを使うようですが、私は葉も使ってしまいます。料理教室でも大人気の１品。

◉材料（４人分）

白菜…400ｇ
塩…大さじ１
酢…¼カップ
砂糖…大さじ１½
しょうが…１片
花椒…あれば少し
赤唐辛子…１本
ごま油…大さじ１

◉作り方

1 白菜の軸は繊維に沿って５cmの長さの太めの千切り、葉はざく切りにし、塩をふり水気を出す。
2 軽く絞り、酢、砂糖、千切りにしたしょうが、あれば花椒、小口切りにした赤唐辛子を入れる。
3 ごま油を熱して（ごま油をおたまに入れて火にかけるとかんたんにできます。においがたってきたらＯＫ）、２にかける。
4 １時間ほど置き、味をなじませる。

海水漬け

その名の通り、海水と同じ３％の塩水に漬けます。それだけで、できあがり。冷蔵庫で４～５日もちます。

◉材料（４人分）

野菜…全部で400～500ｇ
（きゅうり、大根、二十日大根、にんじん、なすなど）
水…適量
塩…水の３％
昆布…10cm角
赤唐辛子…お好みで
ブラックペッパー（ホール）…お好みで

◉作り方

1 蓋がある容器に3％の塩水（水500ccでは塩大さじ１）を作り、野菜、昆布を入れる。お好みで赤唐辛子やブラックペッパーも入れる(a)。
2 冷蔵庫に入れ、次の日からおいしく食べられます。食べる間際に取り出し、そのまま切ってどうぞ。

a

オイキムチ

私は「キムチの素」（P58参照）をよく使いますが、このオイキムチは特におすすめです。見た目がよいので、お客さまにも喜ばれます。

◉作り方

1　きゅうり1本に対し小さじ1ほどの塩をふって板ずりをし、ビニール袋や保存容器に入れて冷蔵庫で最低1時間は置いておく。1日ほど置いても大丈夫です。

2　長ねぎ（にら）、にんじん、大根を3cmほどの長さの細い千切りにし、塩（分量外）をふって水気を出す。絞ってキムチの素を和える。

3　きゅうりがしんなりしたら、縦に切れ目を入れて2をつめ、食べるときに3〜4cmに切って盛りつける。お好みで白ごまをふる。

◉材料（4人分）

きゅうり…2本
塩…小さじ2
長ねぎ（にらでもよい）…10cm
にんじん…10cm
大根…10cm
キムチの素…大さじ1½
白ごま…お好みで

6

ひと手間でおいしい！
野菜おかず

ほんのひと手間が大事です

お肉やお魚の主菜は作ったけれど、
気がつくとお野菜が何もなかった……
という経験はありませんか。
そんなときに、
こんな野菜のおかずはいかがでしょう。
あっと言う間にできるもの、
素材を活かしたシンプルなもの、
ほんのひと手間でおいしくなるものばかりです。

長ねぎのマリネ

洋風

じっくり焼いて、
甘味とうま味がたっぷりの
長ねぎを堪能してください。
生ハムやサーモンを巻いて洋風に、
かつお節の味でさっぱりと和風に。

◉材料（4人分）

長ねぎ…2～3本
オリーブ油（焼く用）…大さじ1
オリーブ油（保存用）…大さじ1
塩…適量

洋風　生ハム…適量
　　　ピンクペッパー…お好みで

和風　かつお節…適量
　　　かいわれ…適量

和風

◉作り方

1　長ねぎを保存容器の縦の長さに合わせて切る。

2　フライパンにオリーブ油をひき、中火で長ねぎを焼く。片面がこんがりしたら弱火にし、他の面も焼きながら中まで火を通す。最後に塩をパラパラとふりかける。

3　ねぎを保存容器に入れ、乾かないようにオリーブ油をかける（a）。

＊この状態で冷蔵庫に入れておくと１週間はもちます。

4　●洋風…ねぎを３～４cmの長さに切り、生ハムを巻く。お好みでピンクペッパーを。

●和風…ねぎを３～４cmの長さに切り、かつお節やかいわれを載せ、しょう油をかける。

a

青菜とわかめのサッパリ炒め

青菜をたくさん食べられる1品。
ほうれん草よりも、アクが少ない小松菜やチンゲン菜がおすすめです。

◉材料（４人分）

青菜…１束
乾燥わかめ…５g
（塩わかめ…20～30gでも可）
サラダ油…大さじ１
だしじょう油…大さじ２

◉作り方

1 乾燥わかめをさっと水で戻す。塩わかめの場合は、水につけて塩抜きし、食べやすい大きさに切る。どちらも、わかめをやわらかく戻しすぎないように注意。
2 青菜を４cmの長さに切る。軸も捨てないで使いましょう（P44参照）。
3 フライパンに油をひいて強火にかけ、熱くなったら青菜、わかめを同時に入れて炒める。
4 火が通ったら、だしじょう油をまわしかける。

和風コールスロー

切り昆布のうま味が野菜にうつり、
とてもおいしく、
ご飯にも合うおかずです。
冷蔵庫に保存して4～5日はもつので、
お弁当のおかずにもぜひどうぞ。

◉材料（4人分）

きゃべつ…200g
にんじん…30g
ピーマン…1個
玉ねぎ…½個
セロリ…½本
切り昆布…15g
塩…小さじ1
マヨネーズ…大さじ3

◉作り方

1 野菜はすべて千切りにする。玉ねぎは繊維に沿って薄切りにする。
2 切った野菜をボウルにはった水につけて混ぜ、ざるにあける。
3 野菜をボウルに戻し、切り昆布、塩、マヨネーズと和える。

大根とセロリの酢炒め

大根のシャキシャキ感と、
セロリの風味がクセになるおいしさです。
白、赤、黄と色あいがきれいなので、
おもてなしにも、お弁当にもよいでしょう。

◉材料（４人分）

大根…100 g
セロリ…40 g
赤、黄ピーマン…10 g ずつ
甘酢（P7参照）…大さじ２〜３

◉作り方

1 大根、セロリは４cm の長さの細めの拍子木切りにする。赤、黄ピーマンは細切りにして水につける。色が出たら取り出して水を切る。
2 大根、セロリをさっと炒め、火が通ったら端によせてピーマンを炒める。ピーマンにも火が通ったら全体に混ぜ合わせ、甘酢をかける。
3 火をとめ、すぐに皿にとって冷ます。熱くしておくと大根のシャキシャキ感がなくなります。

イカと紫玉ねぎのマリネ

スーパーで売っていたボイルイカを買ってみたら、思いのほかおいしくて驚きました。
これを使うと、イカをさばく手間もなく、本格的なマリネが食べられます。

◉材料（4人分）

ボイルイカ…200gほど（2杯）
紫玉ねぎ…½個
Ⓐ
- オリーブ油…大さじ3
- 酢…大さじ1
- 砂糖…大さじ½
- 塩・こしょう…各少々
- レモン汁…少々
- ゆずこしょう…大さじ1
- にんにく…お好みですりおろし少々

かいわれ、またはパセリ…適量

◉作り方

1 ボイルイカは（切れていない場合は）5mmほどの輪切りにする。紫玉ねぎは縦半分に切って薄切りにし、30分ほど水にさらした後、水気をよく切る。
2 Ⓐを入れたボウルにボイルイカと紫玉ねぎを入れ、和える。
3 皿に盛り、かいわれやパセリを載せる。

れんこんの明太子和え・マスタード和え

れんこんのシャキシャキ感が大好きで、
季節になるとよく作ります。
れんこんを使ったレシピの中でもお気に入りの、
居酒屋メニューをご紹介しましょう。
どちらもとてもおいしいです。

マスタード和え

◉材料（４人分）

れんこん…120ｇ（１節）
生ハム（切り落としで可）…40ｇ

Ⓐ
- 和からし…大さじ½
- 粒マスタード…大さじ½
- オリーブ油…大さじ１
- 酢…大さじ１
- 塩…１つまみ

明太子和え

◉材料（４人分）

れんこん…120ｇ（１節）
明太子…約 80ｇ
マヨネーズ…大さじ½
細ねぎ…あれば少し

◉作り方

1. れんこんは皮をむいて縦半分（大きければ¼）に切ってから薄切りし、水につける。
2. 小さじ１ほどの酢を入れた熱湯に、さっとれんこんを通し、ざるにあけて冷ましておく。
3. ●マスタード和え…ボウルにⒶを混ぜ合わせ、れんこんと生ハムを入れて和える。
   ●明太子和え…明太子とマヨネーズを混ぜ合わせ、れんこんを入れて和える。あれば小口切りした細ねぎを載せる。

春雨のエスニックサラダ

ボリュームがあって、かつさっぱりとしたサラダです。
お好みでエスニック風の調味料を足してみてください。

◉作り方

1　春雨は熱湯で戻してから５cm の長さに切る。
2　４cm の長さの千切りにしたにんじん、もやしをさっと茹でる。きゅうりは４cm の長さの千切りに、紫玉ねぎは繊維に直角に薄切りにする。
3　フライパンを強火で熱して挽き肉を炒め、酒、塩、こしょうで味をつける。熱いうちにフライパンから上げ、油がつかないようにする。
4　すべての材料をボウルに入れ、レモン汁を加えて混ぜ合わせ、皿に盛る。基本ドレッシング、お好みでスイートチリソースやナンプラーをかけて。

◉材料（４人分）

春雨…30g
豚挽き肉…100g
にんじん…30g
もやし…100g
きゅうり…１本
紫玉ねぎ…¼個
酒…大さじ２
塩・こしょう…各適量
レモン汁…大さじ１

基本ドレッシング
- しょう油…大さじ２
- ラー油…少々
- 酢…大さじ２～３

スイートチリソースやナンプラー…お好みで

ピーマンの塩昆布和え

ピーマン嫌いの方にも「これなら食べられる」と喜ばれるレシピです。
さっと塩茹ですることで、ピーマン独特の苦味が消えます。
塩昆布の量はお好みの味を見つけて調整してくださいね。

◉材料（４人分）

ピーマン…４～５個
塩…１つまみ
塩昆布…20ｇ

◉作り方

1　ピーマンは縦半分に切って種を出し、横向きにして千切りする。
2　沸騰した湯に塩を入れ、ピーマンを入れる。再び沸騰したら取り出し、色を良くするために冷水につけ、ざるにあける。
3　水をよく切ったピーマンと塩昆布を混ぜる。

にんじんサラダ

「にんじんって、
こんなにおいしかったの!?」
と驚かれます。
にんじん嫌いの方の多くは、
火に通したときに出る
独特の甘さが苦手なようです。
生のにんじんのおいしさを
味わってみてください。

◉材料（４人分）

にんじん…200g（大１本）
塩…大さじ½
ごま油…大さじ１
うま味調味料…お好みで

◉作り方

1　にんじんを４cmの長さの千切りにし、塩をまぶして20分ほど置く。オレンジ色の汁が出てきたらさっと洗い、きっちりと絞る。
2　にんじんにごま油をたらし、お好みでうま味調味料を入れる。

ポテトサラダバジル風味

お料理教室でもとても評判のサラダ。
硬めのじゃがいもにバジルの風味が
よく合います。

◉材料（4人分）

じゃがいも…2～3個
マヨネーズ…½カップ
バジルペースト（市販で可）…大さじ1
塩・こしょう…各少々

◉作り方

1 じゃがいもは皮をむき、1.5 cm の角切りにし、少し硬めに茹でる（水の状態から入れ、沸騰してから2～3分）。
2 マヨネーズとバジルペーストをボウルに入れ、じゃがいもを入れて混ぜ合わせ、塩・こしょうで味を調える。

海苔サラダ

料理というには申し訳ないほどかんたんだけど、
びっくりするほどおいしいサラダです。
時間がないときのお助けレシピ。

◉材料（4人分）

レタス…1玉
焼き海苔…2枚
サラダ油…大さじ2
しょう油（またはだしじょう油）…大さじ2

◉作り方

1 レタスを洗ったらよく水を切り、大きめにちぎって器に入れる。
2 海苔をちぎってレタスに載せ、サラダ油、しょう油をかける。

冷製プチトマト

何ともかわいい1品。
いただく直前まで冷やしておくと、
酸味がより感じられて、スッキリとしたお味に。
逆に酸味が苦手な方は、甘酢を割る水を
多めにするとよいでしょう。
小さめのガラスの器に入れると、
おもてなしにもぴったり。

a

b

c

◉作り方

1 包丁でプチトマトに傷をつける。へたの横かおしりに、包丁で少しだけ切れ目を入れます(a)。

2 鍋に湯を沸かし、プチトマトをさっとくぐらせ、取り出したらボウルにはった水につける。

3 プチトマトの皮をむく。1で傷をつけたところをさわると、つるっとむけます(b)。

4 保存容器に甘酢、水、お好みでベイリーフとブラックペッパーを入れ、プチトマトを漬ける(c)。

5 2～3時間たってから召し上がれ。食べる直前まで冷蔵庫で冷やしておきましょう。お好みでミントをどうぞ。

◉材料（4人分）

プチトマト…1パック（200g）
甘酢（P7参照）…¼カップ
水…½～¾カップ
ブラックペッパー（ホール）…お好みで少し
ベイリーフ…お好みで2枚ほど
ミント…お好みで

おわりに

２０１１年冬、ＮＨＫ「あさイチ」に、〝お困り主婦〟さんの助っ人〝スーパー主婦〟として、お料理が楽しくなる「ハッピークッキング」の特集に出演しました。

番組ディレクターの伊豫部さんは、それまで私が当たり前のように作ってきた「てりたれ」「甘酢」「ベース菜」を取り上げてくださり、皆さんにとても興味を持っていただきました。そして、東京での放送を終えて家に戻った私を待っていたのは1通のＦＡＸでした。

「えっ⁉　あの新潮社？」。後に電話で確かめると、「はい‼　あの新潮社です」というお返事。そこから、この本の話は始まりました。まず携帯サイトにレシピを載せることに。わが家の狭い台所で次から次へと作り、限りある食器を使っての撮影が計4回。そして１２１のレシピが更新されました。

撮影が終わったときには腰が抜けて立てなくなってしまうほどでしたが、できたものをみんなで食べるお食事会が楽しくて、仕事だと忘れてしまうくらいでした。

「この時間内でこれだけの品数をこんなにおいしく作れるのですね」と感心？されましたが、わが家で毎日食べてきたものが、かんたんでおいしかったのです。この本には、そんなお食事が詰まっています。

いつもにこにこしながら、アシスタントとして助けてくださった石山さん、辻村さん、仕事を休んで東京から駆けつけ、盛りつけを担当してくれた娘の桃ちゃん、体力勝負のアイロンかけを一手に引き受けてくださった携帯サイト担当の深谷その子さん、私たちの注文を穏やかに聞いて、おいしそうな写真を撮ってくださった青木君、そして、夢のような話を実現してくださり、レシピ通り次から次へと試作しては「おいしかったでーす‼」のメールをくださった（このメールにどんなに励まされたことか）、いつも明るくて可愛い担当の笠井麻衣さん、私を発掘してくださった笠井さんのお母さま、皆々さまに心よりのお礼を申し上げます。

そして何よりも、この本をご覧になって、お料理を作ってくださった皆さまに感謝‼

索引

主材料が複数ある料理は重複して記載しています。

足立洋子（あだち・ひろこ）

1951年北海道函館市生まれ、苫小牧市在住。自由学園女子最高学部卒業。

会員数2万人の「全国友の会」の〝料理の達人〟として、30年以上、小学生や新米ミセスにむけた料理教室、おもてなし料理講習の講師をつとめている。

また、NHK「あさイチ」で料理のスーパー主婦として登場し、好評を博した。

撮　影　　青木登（新潮社写真部）
ブックデザイン　　平木千草
Special thanks　　石山美和子　辻村晴子　庄司桃子

初出　新潮ケータイ文庫、yomyom pocket 連載
（2012年4月～2013年6月）より抜粋、再編集

かんたん が おいしい！

スーパー主婦《しゅふ》・足立《あだち》さんのお助《たす》けレシピ

発行　2013年9月10日
２刷　2013年9月30日
著　者　足立洋子《あだちひろこ》
発行者　佐藤隆信
発行所　株式会社新潮社
〒162-8711　東京都新宿区矢来町71番地
電話　編集部　03（3266）5611
読者係　03（3266）5111
http://www.shinchosha.co.jp
印刷所　大日本印刷株式会社
製本所　大口製本印刷株式会社

ISBN978-4-10-334591-6　C0077